Widmung

Dieses Buch widme ich Heike und allen, die gern reisen.

Brigitte Jonas

Die Kraft des Raumes

Unterwegs zuhause sein

1. Auflage 2015

Autor: Brigitte Jonas
Umschlaggestaltung, Illustration: Brigitte Jonas
Umschlagfoto: Brigitte Jonas
Printed in Germany

Verlag: tao.de in J. Kamphausen Mediengruppe GmbH, Bielefeld, www.tao.de, eMail: info@tao.de

Bibliografische Information der Deutschen Nationalbibliothek: Die Deutsche Nationalbibliothek verzeichnet diese Publikation in der Deutschen Nationalbibliografie; detaillierte bibliografische Daten sind im Internet über http://dnb.d-nb.de abrufbar.

ISBN
Paperback 978-3-95802-557-8
Hardcover 978-3-95802-558-5
e-Book 978-3-95802-559-2

Inhalt

Vorwort

Wir sind Reisende.
Mehr oder weniger jedenfalls.
Wir sind auf diesem Planeten Reisende, die irgendwann ihr Gepäck abwerfen und weitergehen.
Unser Leben ist eine Reise, eine Studienreise unserer Seele.
Wir selber begreifen uns allerdings vor allem dann als Reisende, wenn wir unterwegs sind

- als Wanderer
- als Geschäftsreisender oder
- als Urlauber.

Und wir reisen gerne; der jährliche Urlaub ist uns schon fast heilig, er ist unantastbar.
Wir reisen mit dem Flugzeug, dem Schiff, unserem Auto oder auch zu Fuß.
Das Wandern wird immer populärer.
Auf dem Jakobsweg zum Beispiel wandern inzwischen viele Menschen. Es ist kein einsames Unterfangen mehr.
Wir sind gerne unterwegs, wohin auch immer.
Und letztlich sind wir immer auch unterwegs zu uns selbst.
Ist es da nicht hilfreich, uns - wo immer wir auch sind - zuhause zu fühlen?
Dieses Buch soll dazu beitragen, unsere Aufmerksamkeit auf uns als Reisende und den uns umgebenden Raum zu lenken. Wenn wir uns dort aufhalten betrachten wir ihn als „unseren Raum", entdecken seine Vorzüge und Schönheiten und geben ihm das, was ihm fehlt, um unser Raum sein zu können.

Auf diese Weise gehen wir gut mit uns und unseren „Gasträumen“ um und hinterlassen Spuren von Wohlfühlen in uns und um uns herum.

Wanderer

Zu der Situation des Wanderers hat das I Ging, ein ca. 5000 Jahre altes chinesisches Weisheitsbuch, ein Bild. Darin wird ihm ein Rat dazu erteilt, wie er sich auf seinem Weg am besten verhält.
Dieses Buch ist ein Buch der Wandlungen. Wenn man sich auf Reisen befindet, erlebt man Tag für Tag Veränderungen noch intensiver als im normalen „Alltag". Alles fließt („pantha rhei") und was uns im Alltag manchmal ängstigt lockt uns beim Reisen in die Ferne. Auch wir sind Teil dieser Wandlungen. Unser innerstes Wesen ist wie fließendes Wasser, anpassungsfähig, klar und wandelbar. Vielleicht reisen wir deshalb so gern.
Mir ist das I Ging in der Übersetzung von Richard Wilhelm seit vielen Jahren ein treuer Begleiter und weil es ein Buch der Wandlungen ist, möchte ich es mit ein paar Zitaten dazu vorstellen:

Das I Ging

> „Das „I Ging" enthält die Kosmologie und Philosophie des alten China. Grundideen sind eine *Ausgewogenheit der Gegenteile* und ein *Akzeptieren der Veränderung*. Das Buch beschreibt die Welt in 64 Bildern, die aus je sechs durchgehenden oder unterbrochenen Linien bestehen (Hexagramme). In den westlichen Kulturen wird es vor allem als Weisheits- und Weissagungsbuch verstanden." (wikipedia)

„Das I-Ging ist das älteste philosophische Buch der Menschheit, Es entstand dadurch, dass ein uraltes Orakelbuch ethisch erläutert wurde. Aus primitiven Strichzeichen machte man seelische Bewegungen: es galt, die Keime des Geschehens zu erfassen. Kennt man die Keime, ist alles Weitere beeinflussbar. Man baute eine ganze Psychologie hinein in diese Zeilen mit dem ursprünglich einfachen Gegensatze von fest und weich."

(Rudolf von Delius: Das ewige China)

„Es gibt Bücher, die man nicht lesen kann, Bücher des Heiligen und der Weisheit, in deren Begleitung und Atmosphäre man jahrelang leben kann, ohne sie je so zu lesen wie man andere Bücher liest. Teile der Bibel gehören zu diesen Büchern, und das Tao-te-king. Aus diesen Büchern genügt ein Satz, um sich für lange zu füllen, für lange zu beschäftigen, für lange zu durchdringen. Diese Bücher hat man leicht erreichbar liegen, oder trägt sie in der Tasche mit, wenn man in den Wald geht, und liest niemals halbe oder ganze Stunden darin, sondern nimmt nur jedesmal einen Spruch, eine Zeile heraus, um darüber zu meditieren, um neben all dem Kram des Tages, auch dem der übrigen

Lektüre, immer wieder den Maßstab des Großen und Heiligen aufzurichten."

(Hermann Hesse: Mein Umgang mit dem I Ging)

Im I Ging gibt es 64 „Bilder" oder „Lebenssituationen", die in aufbauender Reihenfolge zueinander stehen.
Im 56. Zeichen „LÜ" „der Wanderer" steht u.a. Folgendes:

„Als Wanderer und Fremdling darf man nicht schroff sein und hoch hinaus wollen. Man hat keinen großen Bekanntenkreis, darum darf man sich nicht brüsten. Man muss vorsichtig und zurückhaltend sein, so schützt man sich vor Übel. Wenn man gegen die anderen zuvorkommend ist, so erringt man Erfolge. Der Wanderer hat keine feste Stätte; die Straße ist seine Heimat. Darum muss er dafür sorgen, dass er *innerlich recht und fest* ist, dass er *nur an guten Orten* verweilt und *nur mit guten Menschen verkehrt*. Dann hat er Heil und kann unangefochten seine Straße ziehen."

Unterwegssein

Wir lieben es zu reisen.
Aber:
Wie oft vergessen wir, unseren Weg dorthin zu genießen?
Eigentlich sind wir mit unseren Gedanken und Wünschen schon am Ziel.
Wir wollen nur ankommen.
Vielleicht denken wir aber auch an Situationen, die vergangen sind, noch in uns nachwirken und unsere Gedanken und Gefühle beschäftigen.
Gerade beim Autofahren kann solche Unaufmerksamkeit schlimme Folgen haben. Wie oft haben wir Glück und kleine, noch zu korrigierende Situationen erinnern uns daran, dass wir hier und jetzt zwischen A und B sind und unsere Aufmerksamkeit besser hier konzentrieren sollten?
Wir *sind* da, wo wir sind.
„Der Weg ist das Ziel" - genießen wir das „Unter-Wegs-Sein", statt es einfach hinter uns bringen zu wollen.
Passiert uns das nicht immer wieder im Leben, dass wir nicht wirklich „bei der Sache" sind?

Die „zweite Haut"

Wenn wir unterwegs sind führen wir im Vergleich zu unserem „normalen" Leben wenige Dinge mit uns.
Wir reisen „mit leichtem Gepäck", um beweglich zu sein.
Vor Wind, Regen und Kälte schützen wir uns mit dem, was wir als „zweite Haut" kennen, unserer Kleidung.
Welche Anforderungen stellen wir an sie als unseren kleinsten Lebensraum?

- Sie sollte funktional sein, das heißt, sie sollte uns im Winter warm halten, im Sommer kühlen, und uns vor Wind und Regen schützen.

- Sie sollte uns passen, also unserer Konfektionsgröße entsprechen, unserem Körper Raum geben. Wenn sie zu klein oder zu groß ist, oder uns hier und da zwickt können wir uns nicht wirklich in ihr wohl fühlen. Kennen Sie die Geschichte von dem Schneider, der einen Anzug näht, der schließlich total schief wird? Der Kunde trägt ihn und passt sich schließlich dem schiefen Anzug an. Eines Tages sieht ihn jemand in seinem Anzug und sagt zu seinem Begleiter: „Schau mal diesen armen schief gewachsenen Mann an! Aber einen guten Schneider hat er." Passen wir uns also nicht zu sehr an, sondern bleiben uns treu!

- Sie sollte zu uns passen, zu unserem Typ, unserer Persönlichkeit. Sie sollte uns *kleiden,* uns vorteilhaft darstellen. Wir sollten uns richtig *wohl darin fühlen.* Wir achten auf Form, Schnitt und Farbe unserer Kleidung, denn sie soll uns „stehen" und unsere Persönlichkeit unterstreichen. Sie trägt zu unserem *Erscheinungsbild* bei. In unserem Leben spielt sie eine sehr große Rolle. In der Novelle von Gottfried Keller „Kleider machen Leute" wird deutlich, welchen Einfluss unsere „zweite Haut" auf unser Leben hat. So würde ein angesehener Mensch kaum wieder erkannt werden, wenn er in schäbiger Kleidung daher käme. Unsere Kleidung hat nicht nur großen Einfluss auf unsere Umgebung sondern auch auf uns selbst. Unser Gefühl zu uns selbst und damit unser Auftreten gegenüber der Welt lässt sich leicht durch unsere Kleidung beeinflussen.

Die „Haute Couture" treibt diese Kunst, sich zu kleiden oder auch manchmal zu „verkleiden", auf die Spitze.
Uns allen ist bewusst, dass unsere Kleidung großen Einfluss auf unser Leben hat. Wir lieben es, unseren Lieblingspullover oder unsere wunderschönen Schuhe anzuziehen. Sie kleiden uns nicht nur gut, sondern wir fühlen uns wohl, ja manchmal sogar als jemand ganz Besonderer darin, der wir natürlich auch sind.
Kleidung kann uns ein Zuhause sein.
Unsere Haut, unser Körper, unsere Kleidung sind Ausdruck unseres Seins in diesem Moment.
Wir gestalten unsere Umgebung und unsere Umgebung gestaltet uns.
Es ist eine Wechselwirkung, ein Kreis und wann

immer wir uns unwohl fühlen, können wir überlegen, an welcher Stelle wir diesen Kreis unterbrechen und unser Leben günstig beeinflussen wollen.

Was ist ein Zuhause

Ist es unsere Oase?
Synonyme dafür sind: Rastplatz, Grünflache, Wüsteninsel.
Je wüster unser Leben, desto dringender benötigen wir eine Oase.
Sie ist der Ort, an dem Frieden und Schönheit Form geworden sind und der uns an das erinnert, was uns in unserem Leben wichtig ist.
Er hilft uns, wir selbst zu sein.

Wohnraum ist wie ein Schuh

Man könnte sagen, dass unser Wohnraum unsere „dritte Haut" ist.
Sie erfüllt ganz ähnliche Bedürfnisse und wirkt auf ganz ähnliche Weise auf uns wie unsere Kleidung – zum Beispiel unsere Schuhe.
Wenn wir unterwegs sind schlüpfen wir in Schlafräume und sogar Betten wie in Schuhe, die von vielen Menschen getragen wurden.
Gut, wir alle sind Menschen, vielleicht empfinden wir uns sogar als „Brüder und Schwestern".
Müssen wir aber deshalb dieselben Schuhe tragen?
Und warum nicht?
Jeder Mensch hat seine eigene energetische Ausstrahlung.
Von den Füßen, die uns Tag für Tag tragen, und uns mit der Energie der Erde verbinden, geht eine besonders starke Energie aus; und unsere Schuhe speichern etwas von ihr, oft verbunden mit ureigensten Düften und Gerüchen.
Nicht alle Menschen sind guter Dinge gewesen, als sie diese „Schuhe" trugen, bzw. sich in diesem Wohnraum aufhielten.
Energien verbunden mit Sorgen, Ärger und Unzufriedenheit können hier schlummern.
Möchten wir uns ihnen wirklich aussetzen?
Es könnten natürlich auch positive Energien, wie Freude, Vertrauen und Unternehmungslust hier schlummern, aber, wenn wir uns auf unserer Erde so umsehen, überwiegen vermutlich die negativen.
Um bei dem Beispiel mit den Schuhen zu bleiben:

Schuhe, die von vielen getragen wurden, sind uns nicht wirklich angenehm und die meisten von uns würden sie nicht anziehen. Der Kontakt mit uns unbekannten Menschen über die Schuhe wäre uns einfach zu nah.
Schuhe erzählen Geschichten von Menschen, die darin gelebt haben.
Sie kennen sicher das Wort:
"Kritisiere nicht Deinen Nachbarn bevor Du nicht 1000 Meilen in seinen Schuhen gelaufen bist"
...indianisches Sprichwort.
Wir bevorzugen unsere eigenen Schuhe.

Ankommen

Es ist spannend, einen Raum zum ersten Mal zu betreten. Ein wenig ist es so, wie der erste Kontakt mit einem Menschen, mit dem wir ein wenig Zeit verbringen werden. Dieser erste, unmittelbare Eindruck hinterlässt oft tiefe Spuren in uns.
Ist die Begegnung mit einem Menschen nicht sehr angenehm für uns und wir müssen uns eine Zeitlang mit ihm arrangieren, bleibt uns oft keine andere Wahl, als unsere Einstellung zu ihm so zu verändern, dass wir uns wohler mit ihm fühlen.
Bei einem Raum ist das anders. Wir können ihn ein wenig zu „unserem Raum" machen, der uns bei der nächsten Begegnung willkommen heißt.
Im I Ging hieß es:
„...Darum muss er dafür sorgen, ... dass er *nur an guten Orten* verweilt...."
Machen wir also unsere Unterkunft für die Zeit unseres Verweilens zu unserem *guten Ort*.
Gerade wenn wir unterwegs sind empfinden wir es als besonders wohltuend ***anzukommen***.
Wollen wir ihn zu unserem Raum machen, ist es zunächst wichtig, aufmerksam zu sein.
Wenn ich einen Raum betrete, versuche ich, in Kontakt mit ihm zu kommen, so, als würde ich einem Menschen begegnen, den ich noch nicht kenne. Zum Beispiel in einem inneren Zwiegespräch:
„Wie geht es Dir?"
Die Antwort – und wir sollten auf sie warten – könnte sein:
„Glänzend, wunderbar!"

Vielleicht haben wir das schon einmal erlebt und wir konnten uns gleich hineinbegeben in diese angenehme, heimelige Atmosphäre.
Alles bestens.
„Mir fehlt nichts - außer Deiner Gesellschaft! Willkommen!“
Perfekt.
Möglicherweise ist aber die Information, die wir erhalten, auch:
„Ich bin muffig.“
„Was fehlt?“
„Frische Luft.“
Im Kontakt mit Räumen, aber auch mit Menschen, Tieren und Pflanzen, versuchen wir zu geben was fehlt, um mehr Schönheit und Harmonie zu erschaffen - für uns und alles was uns umgibt.
Wir öffnen also die Fenster und bringen frische Energie und damit Bewegung in den „leblosen“ Raum.
Luft braucht Bewegung - ein Kommen und Gehen.
Nichts kann festgehalten werden.
Erst wenn der Raum dieses frische Gefühl verbreitet, kann er unser Raum werden.
Bewegung ist Leben.
Wir sind lebendig und unser Raum, der ein Spiegel unseres Lebens ist, soll es auch sein.

Was erwarten wir von „unserem Raum"?

- Er soll uns schützen und warm halten. Und:
- Er soll uns „Raum geben".

Darin unterscheidet er sich kaum von unserer Kleidung.
Raum zum Leben – Lebensraum.
Das heißt, er soll uns helfen, unsere Möglichkeiten, Fähigkeiten, das, was wir *sind* zu entfalten und zu leben. Selbst wenn wir auf Reisen sind. Oder: Gerade wenn wir auf Reisen sind.
Wie oft nehmen wir uns mit unserem ersehnten Urlaub eine „Auszeit" vom „Alltag",
in der wir uns wünschen, wieder zu dem Menschen zu werden, der wir wirklich sind.
Unser Raum soll uns schützen und unser Wohlbefinden und Wachstum fördern.
Er soll uns helfen, immer wieder zu uns zurück zu finden.
Schauen wir uns eine Pflanze an. Auch sie braucht Bedingungen, die auf ihre Bedürfnisse abgestimmt sind, damit sie sich wohl fühlt, sich entfaltet und wächst.
Wie groß der Raum sein soll, den wir dazu benötigen ist persönlich und kulturell unterschiedlich.
Es gibt Menschen, die als Kinder und oft auch als Erwachsene lediglich mit einer Bettstelle auskommen. Manche haben nicht einmal das.
Nehmen wir an, das Minimum auf unserer Reise, mag sie eine Reise zu uns selbst, ein Urlaub oder ein Stück unserer Lebensreise sein, ist

eine Schlafstelle, ein Bett

Abends schlüpfen wir unter die Bettdecke, kuscheln uns ein, um zu entspannen, zu uns selbst zurück zu finden und in unsere eigene Traumwelt eintauchen zu können.
Was also benötigen wir, um uns in dieser Zeit und an diesem Ort sicher und geborgen zu fühlen?
Befinden wir uns an einem friedlichen und harmonischen Ort, müssen wir nichts tun als uns in diese wunderbare Atmosphäre hinein begeben und uns ihr einfach anvertrauen.
Aber so ist es nicht immer und nicht überall.
Nehmen wir an, es ist ein uns fremder Ort, eine fremde Bettstelle, der ich mich in dieser Nacht anvertrauen muss, vielleicht, weil ich auf Reisen bin.

Vor mir waren schon andere hier

und in diesem Bett.
Klar, ein eigener Schlafsack oder eigenes Bettzeug wären großartig, denn das Bett und die Matratze haben sicherlich verschiedene, möglicherweise nicht nur positive Energien meiner „Vorschläfer“ gespeichert.
Wenn ich keine eigene Matratze bzw. Schlafmatte mitbringen möchte, kann ich mit einem Trick arbeiten.
Es ist die Energie, mit der ich nicht unbedingt in Berührung kommen möchte, wenn ich an diesem fremden Ort schlafe.
Also könnte ich eine andere Energie hierher bringen, die mir angenehm ist.
Für das Bett und zum Schlafen könnte ich ein ***natürliches Energiespray*** nehmen, das z.B. Lavendel [1] enthält. Falls mir ein anderer Duft zum Entspannen lieber ist, wähle ich den.
Mit diesem Spray könnte ich eventuell vorhandene negative Energie vertreiben oder neutralisieren und mir gleichzeitig vorstellen, dass hier ein friedvoller Raum für mich entsteht.
Geist und Materie spielen zusammen.

---

[1] Lavendel; „Wirkung: wärmend und entspannend, beruhigt aufgewühlte Emotionen, löst körperliche und seelische Verkrampfungen und Schmerzen.“ Aus „Verzaubernde Düfte“ von Monika Jünemann.

So mache ich einen friedvollen Raum für mich auf.
Vor wenigen Wochen konnte ich erfahren, wie hilfreich so ein Energiespray ist.
Mein Mann und ich übernachteten in einem recht guten Hotel in Stuttgart, einem Nichtraucherhotel. Das Zimmer machte einen sehr gepflegten Eindruck. Als wir uns aber zum Schlafen legten, war die Nähe eines oder mehrerer Menschen, die sich offenbar nicht an diese Nichtraucher-Vereinbarung gehalten hatten, offenbar.
Es fühlte sich für uns an, als lägen wir in einem benutzten Aschenbecher.
Das Lavendelraumspray versöhnte uns mit dieser unangenehmen Situation. Vom Rauch war nichts mehr zu spüren.

Über oder unter meinem Bett

befindet sich ein anderes.
In einer Jugendherberge beispielsweise gibt es solche Situationen.
Wenn mir das zu nah ist, kann ich mithilfe eines Spiegels, den ich mit der verspiegelten Seite von mir weg in Richtung des anderen Bettes anbringe, die Energie der anderen zurückspiegeln.
Dahinter steht die Idee, dass der andere Schläfer auf diese Weise weit genug von mir entfernt ist.
Dazu bringe ich in die Mitte meiner Bettstelle unter meiner Matratze oder über mir, unter dem Bett des anderen Schläfers, den ***kleinen Spiegel*** an, um genug Raum für mich schaffen.
Alle Energien, die dort sind, werden wieder zurück gespiegelt und dringen so nicht zu mir vor.
Wenn ich keine Spiegel anbringen möchte, würde so ein ***„Zauberspray"*** auch einen persönlichen Raum für mich aufmachen und so zu meinem Wohlbefinden beitragen. Parfums zum Beispiel haben auch diese Zauberkraft, meinen Raum um die Dimension einer mehr oder weniger wohlriechenden Wolke zu erweitern.
Wenn ich zu diesem Zauber greife, sollte ich für mich und alle, die um mich sind, einen sanften, natürlichen Duft wählen.

Sollte es spitze Kanten und Ecken geben

die auf meine Bettstelle weisen, oder einen Spiegel, der meinen Schlaf stören könnte, so bringe ich ein wunderschönes ***leichtes Tuch*** so an, dass ich vor diesen Einflüssen geschützt bin. Vielleicht bringe ich es direkt an meiner Schlafstelle an.

Um einen ruhigen Schlaf und friedliche Träume zu gewährleisten,

kann ich zusätzlich einen kleinen ***Traumfänger*** oder ein Windspiel aus Stoff über mir aufhängen, mit der Idee, dass es nur die positiven Energien zu mir durchlässt.
Geschafft!
Nein, noch nicht so ganz…
Es gibt Probleme, auf die ich gestern wieder gestoßen bin.
Unsere jüngste Tochter war zum Studium nach Konstanz gezogen und fand in einer Wohngemeinschaft vorerst Unterschlupf.
Sie hatte uns eingeladen, sie in ihrer neuen WG und dieser schönen Stadt zu besuchen und ihr ein paar persönliche Dinge zu bringen.
Eine gute Idee! Das Wetter war noch wunderschön, herbstlich und kühl und wir ließen uns diese hübsche kleine Stadt am Bodensee von ihr zeigen und entdeckten miteinander Neues.

Als ich das Zimmer sah, in das sie vorübergehend gezogen war, bekam ich doch einen Schrecken:

Das Bett, in dem sie schlief, wies mit dem Fußende zur Tür,

Zeichnungen und Plakate

konfrontierten den Bewohner oder Besucher Tag für Tag damit, dass das Leben ein Kampf war, den man nicht immer gewinnen konnte

Wollte man das Zimmer verlassen, oder aber erwachte man im Bett und blickte geradeaus, so sah man einen Soldaten in Vietnam, tödlich getroffen sterbend ins Kornfeld sinken.
Das Motiv des Plakates kannte ich aus meiner Jugend.
Mit diesem Anblick ins Leben hinauszugehen oder auch nur in die Gemeinschaftsräume der WG würde jedem Bewohner dieses Zimmers immer wieder Mut abverlangen.
Meine Tochter entschied sich dafür, dieses Plakat vorsichtig abzunehmen.
Die psychedelisch gestaltete Tapete an der linken Zimmerwand durfte sie offenbar verändern und ich ermutigte sie dazu, um sich selber eine freundlichen und ruhige Atmosphäre zu schaffen.
Vielleicht tat sie als Zwischenmieterin auch dem Vormieter wirklich einen Gefallen damit, von den Mitbewohnern der WG ganz zu schweigen.
Dass sie mit den Füßen zur Tür schlief, machte mir wirklich Sorgen. Als sie nach Konstanz ging, war sie bereits gesundheitlich angegriffen. Sie hatte Antibiotika genommen und hatte jetzt Erkältungen Tür und Tor geöffnet. Dass sie in einer Position

schlief, die ihr die Energie förmlich aus dem Körper zog, machte ihre gesundheitliche Verfassung nur noch schwächer.
Als ich sehr vorsichtig meine Bedenken zu dieser Schlafkonstellation äußerte, meinte sie nur, das Bett könne an keiner anderen Stelle im Zimmer stehen.
Mir wäre da schon etwas eingefallen, aber sie begriff den „Ernst der Lage" einfach nicht.
So schlug ich ihr vor, doch am Fußende einen Glasperlenvorhang oder etwas Vergleichbares aufzuhängen, ein höheres Regal oder eine dichte, hohe Pflanze zu stellen. Wenn sie merken sollte, dass sie immer noch Energie verliere, sollte sie trotz aller Bedenken das Bett an die gegenüberliegende Wand stellen.
Vielleicht machte sie auf diese Weise Erfahrungen mit Energie und Feng Shui, was sie bisher nicht wirklich interessiert hatte.
Freundlicherweise hatte unsere Tochter uns ihr Zimmer überlassen, weil sie uns nicht zumuten wollte, im Gemeinschaftswohnraum zu schlafen.
Und so kam es dazu, dass ich in eben diesem Bett schlief - mit den Füßen zur Tür.
Für eine Nacht, dachte ich mir, müsse das eigentlich möglich sein.
Ich erinnerte mich daran, dass ich vor langer Zeit völlig ahnungslos auf diese Weise in meinem Zimmer mit meiner kleinen Tochter, Mira, geschlafen hatte.
Von Feng Shui wusste ich damals noch nichts und so brachte ich meine Krebserkrankung und das Kawasakisyndrom, an dem meine Tochter erkrankt war, natürlich nicht in Zusammenhang mit der Position meines Bettes im Raum.

Später entschied ich mich - aus welchem Grund auch immer - ein Bücherregal ans Fußende des Bettes zu stellen. So fühlte es sich einfach besser an, im Bett zu liegen.
Meine Tochter wurde wieder gesund und ich ebenfalls.
Im Laufe meiner Feng-Shui - Beratungen, die ich viel später gab, habe ich hin und wieder solche Schlafkonstellationen vorgefunden. Die Menschen, die so schliefen, waren sehr schwach und kränklich. Eine junge Frau hatte große Probleme mit ihrem Unterleib.
Ihnen allen empfahl ich dringend, ihr Bett anders zu positionieren.
Und meine Tochter? Sie hatte gleich nach unserer Abreise ein geschlossenes Regal ans Fußende ihres Bettes gestellt und ein paar Wochen später wirklich einen anderen Ort für ihr Bett gefunden.
Zurück zu unserer Übernachtung in dem WG-Zimmer.
Ja, mein Mann und ich schliefen kaum.
Herzklopfen und innere Unruhe hielten mich wach. Schließlich versuchte ich, mental, einen ***„Regenbogenraum"*** um mich herum aufzumachen, der keine störenden Energien zu mir durchließ. Außerdem rezitierte ich in meinen Gedanken ein ***beruhigendes Mantra***[2]. Ich stellte

---

Mantra (sanskrit, m. mantra, wörtl.: „Instrument des Denkens, Rede") bezeichnet eine meist kurze, formelhafte Wortfolge, die oft repetitiv rezitiert wird. Diese Wiederholungen des Mantras oder des Namens einer Gottheit werden manchmal auch *Japa* genannt. Mantras können entweder sprechend, flüsternd, singend oder in

mir vor, dass mein Geist ein starkes Instrument ist und durchaus in der Lage, solch einen Raum zu erschaffen. Aber es fühlte sich noch so an wie ein mentaler Luftballonraum, der immer wieder in sich zusammenfiel, sobald meine Konzentration nachließ. Es war viel Arbeit und hin und wieder konnte ich ein wenig schlafen.
Wenn man längerfristig in solch einer Situation lebt, ist es natürlich mit geistiger Arbeit allein auf Dauer nicht getan, es sei denn, man verwendet einen Großteil des Tages darauf.
Ein Freund von mir, der Feng-Shui skeptisch gegenüber steht, äußerte einmal, dass das Denken allein reichen müsse, um sich an einem Ort wohl zu fühlen.
Ich meinte, ja, das könne schon sein, aber man wolle sich doch eigentlich wohl fühlen und seine Energie für andere Dinge des Lebens zur Verfügung haben.
Tja – und wenn ich von all dem nichts weiß?

Unwissenheit schützt nicht. Das musste ich selbst erfahren. Energien wirken, Regen macht nass, auch wenn ich das nicht weiß oder einfach ignoriere. Sollten Sie also auf ihren Reisen solche „Bettsituationen" vorfinden, schlage ich vor, die Matratze aus dem Bett an eine andere

---

Gedanken rezitiert werden. Im Hinduismus, im Buddhismus und im Yoga ist das Rezitieren von Mantras während der Meditation sowie im Gebet üblich. Das Rezitieren eines Mantras kann dem Freisetzen mentaler und spiritueller Energien dienen, oft auch als Gebet. (wikipedia)

Stelle im Raum zu legen. Wenn das nicht möglich ist, weil Sie nur dieses Bett benutzen können, so empfehle ich, ein großes Tuch am Fußende anzubringen, wenn es die Möglichkeit dazu gibt, wie beispielsweise von einem Hochbett herunter. Sollte auch das nicht möglich sein, legen Sie sich einfach andersherum ins Bett. ☺

Wenn Sie vom Bett aus die Tür nicht sehen können

können Sie einen ***kleinen Spiegel*** im Zimmer so aufhängen, dass Sie die Tür sehen können. Unbewusst möchte man sich wohl nur entspannen, wenn man seinen Raum „unter Kontrolle" hat.

Sollte es aber nicht möglich sein, die Tür im Blick zu haben, so halte ich dieses Manko für weniger schwer als das, mit den Füßen zur Tür zu liegen - auch wenn es nur für eine Nacht ist.

Manchmal, nein oft, brauchen wir all unsere Energie, um einen schönen und sicheren Tag zu leben.

Natürlich kann ich mir sagen: Nur *einmal*. Aber letztlich kommt es auf meine innere Haltung an und da fühlt es sich auch unangenehm an, wenn ich zum Beispiel nur *einmal* Abfall auf die Straße werfe.

In einem Zelt trifft man häufig auf eben diese Situation: Füße zur Tür bzw. Zeltöffnung.

Ist das Zelt groß genug, vielleicht sogar rund, versuchen Sie, quer zum Eingang zu liegen. Ist es sehr klein, nun, seien Sie aufmerksam damit, wie Sie sich fühlen.

Zusätzlich zu all den kleinen Hilfsmitteln kann ich mir vorstellen, dass der Raum, in dem ich mich befinde, mit einer wundervollen, friedlichen Energie gefüllt ist.

In mir und um mich herum ist Frieden.

Vielleicht mag ich zusätzlich etwas an mir tragen, das mir ein Gefühl von Geborgenheit und Schutz

vermittelt, wie zum Beispiel eine *Türkiskette*[3], die mich auf meiner Reise begleitet.
Lediglich beim Duschen oder Waschen lege ich sie ab, weil Türkis solche Reinigungsmittel nicht verträgt. Selbstverständlich kann es auch ein anderer Stein sein, der mir lieb und vertraut ist.
Guten und erholsamen Schlaf wünsche ich.
Er ist bestens vorbereitet und eingeladen.

---

[3] Von Türkis sagt man, dass er für seinen Träger die Eigenschaft habe, „alles Böse vom Körper fern zu halten und vor einem unnatürlichen Tod zu bewahren." Aus: „Das große Lexikon der Heilsteine, Düfte und Kräuter", Edition

Methusalem, Neu-Ulm. ISBN 3-9804431-0-8

Das Mini-First-Aid-Kit

- Natürliches Energiespray - Orange
- Schutzspray „Citroens“ von Phylak
- 2 Kleine Spiegel mit Befestigungsmöglichkeiten
- Ein leichtes, regenbogenfarbenes Tuch
- Einen Traumfänger oder ein Windspiel mit Band und Befestigung
- Meine Lieblingskette

All diese Dinge kann ich auch beim Zelten verwenden:
Ein schönes Tuch in der Mitte des Zeltes oder ein Traumfänger verzaubert diesen einfachen Wohnraum in mein Zuhause.
Wenn ich mich von unruhigen Nachbarn zu sehr gestört fühle, kann ich die Spiegel mit der Spiegelfläche nach außen in die Seitentaschen stecken, in der Hoffnung, dass die störende Energie zurückgeworfen und in positive verwandelt wird.

Ein ganzes Zimmer

Ein Bett benötige ich immer auf meiner Reise, auch wenn meine Unterkunft sogar ein ganzes Zimmer ist. Auch hier leistet mir das minimale First-Aid-Kit gute Dienste.

In einem Zimmer steht mir natürlich mehr Raum zur Verfügung; Raum der mir mehr Möglichkeiten bieten, mich aber auch negativ beeinflussen kann. Und so kann es sinnvoll sein, die Maßnahmen für einen angenehmen Aufenthalt ein wenig zu erweitern.

Wenn der Raum gut gelüftet ist, hilft oft ein ***Lemon- oder Orangenspray,*** ihm mehr Leben einzuhauchen. So ein frischer Duft kann einen Raum und seine Stimmung verzaubern!

Empfinde ich negative Energie an einem Ort oder in einem Raum, so schütze ich mich vor dieser Energie mit ***Citroens***[4]**.**

Mit den ***beiden Spiegeln*** kann ich mich auf die gleiche Weise vor Energien aus Räumen über oder unter mir, vielleicht auch neben mir schützen.

Wenn es unangenehme Einflüsse von dort gibt, kann ich mithilfe dieser kleinen Spiegel, die ich mit der Spiegelseite zur Wand, zur Decke oder zum Fußboden zentral anbringe, die störende Energie zurückspiegeln und einen ruhigen Raum für mich schaffen.

---

[4] Schutz vor negativen Energien an einem Ort, spagyrisches

Mittel von Phylak nach Dr. Zimpel

Wenn ich Energien zurückspiegele stelle ich mir vor, dass diese Einflüsse, die ich als störend empfinde, in friedliche Energie umgewandelt werden.
Auf diese Weise heile ich nicht nur „meinen" Raum, sondern auch den mich umgebenden.
Eine Alternative zu den Spiegeln ist **„Uvs-rois"**[5] als Spray für meinen Körper oder den Raum.
Man kann es aber auch in Tropfenform einnehmen.
Er funktioniert ähnlich wie homöopathische Medizin.
Mehrmals habe ich schon die Erfahrung gemacht, dass ich in einem Raum nicht gut arbeiten konnte, weil aus der darüber liegenden Wohnung lauter Streit zu hören war.
Ein paar Minuten, nachdem ich dieses Spray benutzt hatte, wurde es friedlich und ich konnte in Ruhe weiter arbeiten. Ganz „nebenbei" hatten sich die Leute in der Wohnung beruhigt.
Mit dem ***Traumfänger oder dem Windspiel*** kann ich Energien, die in „meinen" Raum kommen, filtern.
Die, die ich als positiv empfinde, lade ich ein, die, die mir unangenehmen sind, filtere ich aus.
Wenn ich ein ganzes Zimmer bewohne, kann ich ihn in der Mitte unter der Decke anbringen oder aber direkt über meinem Schlafplatz, je nachdem, was mir lieber ist.

Ich mag es, wenn das

---

[5] Schutz vor Personen/ physikalischer Schutz, spagyrisches Mittel von Phylak nach Dr. Zimpel

auf schöne Weise dekoriert ist. So kann es mich daran erinnern, dass das „Hier-und-Jetzt", der Moment, das Genießen und die Achtsamkeit Raum in meinem Leben haben.

Spiegel, die auf meinen Schlafplatz weisen

Manchmal findet man Spiegel in der Unterkunft vor. Sie können sehr schön sein. Wenn sie aber auf meinen Schlafplatz weisen, könnten sie meinen Schlaf stören und ich hänge lieber ein ***schönes Tuch*** darüber, wenn ich sie nicht entfernen kann.

„Blinde" oder beschädigte Spiegel

Manche Menschen lieben alte oder auch neue Spiegel so sehr, dass es für sie keine Rolle spielt, dass sie eventuell „blind", beschädigt oder gerissen sind.
Die Welt, die sich in diesen Spiegeln wiederfindet macht den Anschein, als sei sie beschädigt oder trüb. So ein Bild möchte ich von mir und meinem Leben nicht haben.
Wenn es mir möglich ist, *nehme ich solche Spiegel von der Wand* und stelle sie mit der Spiegelfläche zu einer Wand hin ab. Sollte das nicht möglich sein, findet eines meiner ***wunderschönen Tücher*** dort einen Platz für die Zeit meines Besuches.

Geteilte Spiegel oder Spiegelfliesen

Kein schöner Anblick, wenn ich mich darin betrachte. „Teile und herrsche" fällt mir dazu ein und es fühlt sich nach Zerrissenheit an und nach Schmerz.
Ich ziehe es vor, mich eins mit mir zu fühlen und mich ganz betrachten zu können.
Das Leben erscheint manchmal kompliziert genug. Auch hier versuche ich, mit einem leichtem Tuch Abhilfe zu schaffen.
Dann gibt es

Spiegel, die sehr schmal sind

manchmal sind sie zusätzlich geteilt - dass mein Spiegelbild kopflos ist oder ihm die Arme fehlen. Nein. Lieber nicht, denke ich. Auch das fühlt sich nach Schmerz an.
Ich möchte mich als jemand wahrnehmen, der denken und handeln kann.
Auch diesen Spiegel kann ich eventuell von der Wand nehmen. Wenn ich ein ***schönes, leichtes Tuch*** darüber hänge, habe ich dieses Problem allerdings auch gelöst.

Bilder, die negative Assoziationen wecken

In einem schönen Häuschen im Tessin hing über dem Gästebett ein Ölgemälde, das eine Frau darstellt, die dem Betrachter ihren entblößten Rücken zukehrt.
Es war sicher keine Absicht, dass er wie ein offener Rücken aussah. Mir drehte sich fast der Magen um. Da ich das Bild nicht abnehmen konnte und ich kein so großes Tuch bei mir hatte, musste mein Wickelrock dafür herhalten, eine einladende Schlafstelle für mich und meinen Mann zu kreieren.

Scharfe Ecken und Kanten

die mir nicht nur das Gefühl vermitteln können, das Leben sei unverhofft hart, sondern an denen ich mich tatsächlich fürchterlich stoßen kann.
Hier würde ebenfalls ein ***schönes, leichtes Tuch*** Abhilfe verschaffen. Nicht, dass es ein gutes Polster darstellen würde, wenn ich mich daran stoße, aber wenn da ein Tuch hängt, stoße ich tatsächlich nicht dagegen, weil ich es unbewusst wahrnehme.
Natürlich könnte es auch etwas anderes sein.
Ein Windspiel oder ***ein Band*** zum Beispiel würde diesen auch Zweck erfüllen.
Deshalb empfehle ich, ***mehrere Tücher, am besten in verschiedenen Farben,*** bei sich zu haben. Sie wiegen fast nichts, bieten aber viele Möglichkeiten, unerwünschte Energien zurückzuhalten oder entsprechende

Anblicke zu verdecken und einen Raum freundlich und einladend zu gestalten.
Tücher sind wunderbare, leichte und vielfältige Energieträger. Sie passen in jedes Gepäckstück, egal wohin es geht und sie helfen uns, unseren Raum auf Reisen behaglicher zu machen.
Durch ihre Farbe, Form und Beschaffenheit können wir dem Raum dort Energie geben, wo sie ihm fehlt und da kaschieren, wo uns etwas stört.

Ein allzu neutral wirkendes Hotelzimmer

schmückte ich zum Beispiel mithilfe meines
Lieblingsschals.
Die Seite eines Kleiderschrankes, die in die
Mitte des Raumes ragte, wurde dadurch weicher
und immer wenn ich jetzt zur Tür hereinkam, sah
ich mein Tuch und ich fühlte mich mehr
zuhause.

Raumform

Wenn uns lediglich ein Bett zur Verfügung steht, müssen wir normalerweise nicht befürchten, dass „unser Raum" unregelmäßig geformt ist.
Ein Bett ist meistens rechteckig, eventuell rund und manchmal quadratisch.
Für Zelte gilt das auch. Sie sind schon aus Stabilitätsgründen regelmäßig strukturiert. Ein Mini-Feng-Shui-Kit würde hier vermutlich ausreichen.
Bei Zimmern ist das schon anders. Sie können die unterschiedlichsten Formen haben. Selbst solche, in denen man kaum einen rechten Winkel findet, habe ich schon erlebt. Erlebt sage ich, weil dieser, als unregelmäßiges Fünfeck geformte Raum Übelkeit in mir hervor rief.
Formen sind ebenfalls Informationen, die unser Leben beeinflussen.
Eine uns Menschen angenehme Form lässt Raum für die acht verschiedenen Lebensbereiche und ein Zentrum. Deshalb ist sie quadratisch, rechteckig, achteckig oder rund.
Wenn wir also einen Raum betreten, in dem wir wohnen wollen, könnte auf unsere Frage an ihn:
„Wie geht es Dir?"
eine Antwort kommen, wie
„Mir fehlt es hier und da ...."
Es gibt Strukturen, die uns Menschen und unser Leben mit unserem Lebensraum verbinden.

Das Muster dafür gibt das Bagua[6] wider, das den Raum in neun gleichgroße Bereiche einteilt, die uns in verschiedenen Lebensbereichen spiegeln.

Reichtum Selbstver- wirklichung Wind 4	Ruhm Ruf Vision Feuer 9	Beziehung Liebe Ehe Erde 2
Vergangenheit Familie Donner 3	Zentrum 5	Kreativität, Kinder See 7
Meditation Wissen Berg 5	**Karriere** **Wasser** **1**	unterstützende Energien Reisen Himmel 6
möglicher Eingang	möglicher Eingang	möglicher Eingang

---

[6] **The Ba Gua Diagram:** The Ba Gua Ocotagon is one of the tools used in feng shui to help determine preferred locations for certain functions in the home or office. The Ba Gua is placed with the front door of the floor plan of your home or office placed at the bottom of the Ba Gua octagon.
(von der Website: http://www.bartlettdesigns.com/Feng-Shui-baguaoctagon.html

Jeder Lebensbereich ist einem bestimmten Ort im Raum zugeordnet, ausgehend von der Tür, durch die man den Raum betritt.
Acht energetisch unterschiedliche Bereiche sind um das Zentrum herum angeordnet.
Um ein Zimmer für uns optimal gestalten zu können, ist es hilfreich, zu wissen, wo welcher Lebensbereich gespiegelt wird.
Die Tür, durch die wir das Zimmer betreten, kann sich mehr links, mehr zentral oder mehr rechts in der Wand befinden.
Wir können einen Raum also im Bereich

- **„Meditation und Wissen"**,
- **„Karriere"** oder
- **„unterstützende Energien"**

betreten; je nachdem, wo sich der Eingang befindet. Von hier aus nehmen wir den Raum wahr.

So befindet sich beispielsweise

- In der Mitte der der Stirnseite jedes Raumes der Bereich **„Ruhm"**, links davon **„Reichtum"** und
- rechts davon **„Beziehungen"**
- Die Mitte der linken Wandseite gehört zum Bereich: **„Vergangenheit/ Familie"** und
- Die Mitte der rechten Wandseite zum Bereich: **„Kreativität/ Kinder"**.

Wenn nun ein Raum nicht quadratisch, rechteckig, rund oder achteckig ist, gibt es *Fehlbereiche,* das heißt:
Bestimmte Lebensbereiche haben einen kleineren Raum im Vergleich zu den anderen oder sie fehlen vollständig.
Weil alle Bereiche in Bezug zueinander stehen und sich gegenseitig beeinflussen, führt solch ein Ungleichgewicht zu Disharmonie, und kann im Leben der Bewohner auf Dauer Unzufriedenheit und Krankheit hervorrufen.
Wir können uns vorstellen, dass unsere Existenz hier auf diesem Planeten durch unsere Körperstruktur beeinflusst wird. Unser Körper ist ein System; und wenn alle Teile, Organe usw. funktionieren, haben wir eine gute Chance, gesund zu sein. Fehlt uns aber ein Arm oder ein Bein, das Augenlicht oder eine Niere, so gibt es ein Ungleichgewicht in unserem Körper und unserem Leben, das wir kompensieren müssen.
Ähnlich funktioniert es im Raum
Manchmal wird ein Lebensbereich durch die Raumform überrepräsentiert. Es gibt also dort ein „Plus" im Vergleich zu anderen Bereichen.
Etwas zu viel zu haben, kommt uns nicht unbedingt wie ein Fehler vor, aber auch das kann im Zusammenspiel des Ganzen zu Unausgewogenheiten führen (stellen Sie sich vor, dass ein Bein tatsächlich länger ist). Es ist aber nicht so schwierig, als wenn ein oder gar zwei Bereiche im Leben fehlen.
Wie kann man nun ein „Zuviel" von einem „Zuwenig" unterscheiden?

Wenn man lange in solch einem Raum lebt, kann man es erfahren haben.
Erlebt man aber einen Raum nur für kurze Zeit, kann man es folgendermaßen abschätzen:

Diese Formen geben allen Lebensbereichen genügend Platz:

Regelmäßige Raumformen

Unregelmäßige Raumformen

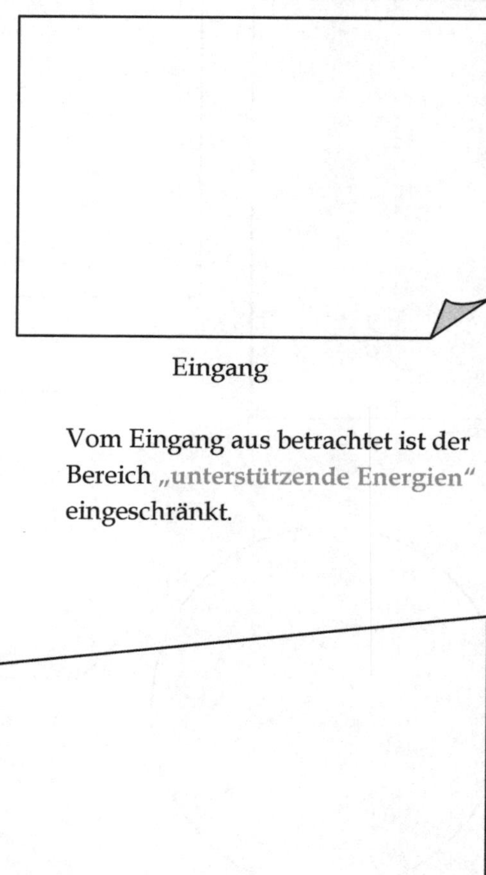

Vom Eingang aus betrachtet ist der Bereich „unterstützende Energien“ eingeschränkt.

Eingang

Dort sind der **Reichtumsbereich** und der Raum für **Ruhm und Vision** eingeschränkt.

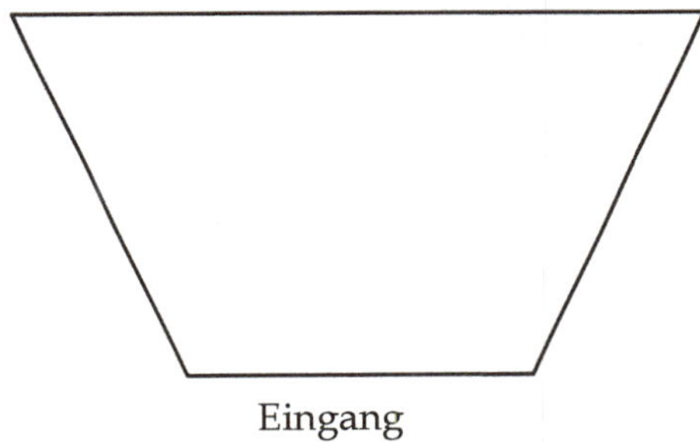

Eingang

Oben fehlen die Bereiche **„Meditation und Wissen"**, sowie **„unterstützende Energien"** fast vollständig, und die
Bereiche **„Vergangenheit, Familie"** sowie **„Kreativität und Kinder"** sind stark eingeschränkt.

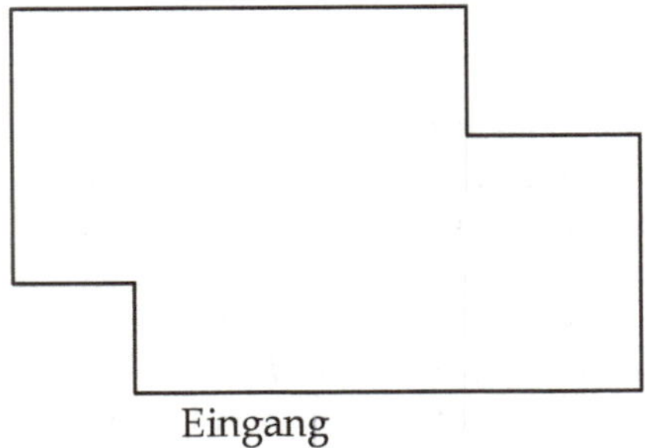

Eingang

Hier sind die Bereiche **„Ehe, Beziehungen"**, sowie **„Meditation und Wissen"** eingeschränkt.

Im folgenden Beispiel kann man nicht von vornherein bestimmen, ob der **Beziehungsbereich** vollständig und die Bereiche **„Ruhm und Vision“**, sowie **„Kreativität und Kinder“** teilweise fehlen, oder, ob es ein großes ***„Plus“*** im **Reichtumsbereich** und teilweise auch im Bereich **„Ruhm und Vision“** gibt. Da müsste man nachfragen, welche Themen es im Leben gibt.

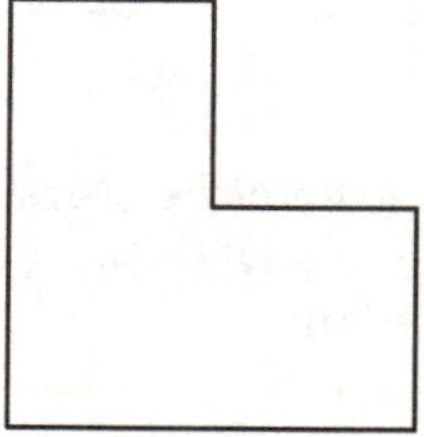

Eingang

In der Regel gilt: Ist der fehlende Bereich im Verhältnis zur ganzen Wandseite weniger als halb so lang, handelt es sich um ein *Minus*.
Beansprucht der „Fehlbereich“ mehr als die Hälfte einer Wandseite, so ist der dadurch herausragende, schmalere Bereich ein *Plus*.
Ein Gespür dafür kann in solchen Fällen helfen.
Ein Raum ist also nicht immer symmetrisch. Hier und da fehlt ein Stück, hier und da gibt es eine Erweiterung.
Vielleicht nehmen wir eine Erweiterung gerne hin, aber ein Manko?

Wenn „Reichtum und Selbstverwirklichung“ fehlen

- Mit einem ***Spiegel***, den wir günstig anbringen, könnten wir in dem Bereich wieder Raum dafür schaffen. Der Spiegel müsste nicht einmal groß sein. Oft genügt ein „reminder“, eine Erinnerung für unseren Geist, dass da Raum für Reichtum ist.

Ist dies nicht möglich, können wir etwas dorthin bringen, das die Energie hinzufügt, die dort fehlt:

- Die der Energie entsprechende Farbe zum Beispiel ist ein kräftiges Sommergrün; *ein Tuch in dieser Farbe* kann geben was fehlt.
- Es könnte aber auch ein ***Tuch*** sein, ***das wir mit Reichtum verbinden***, weil es für uns wertvoll ist. Es ist eventuell mit Goldfäden durchwirkt, aus einem kostbaren Stoff, wie Seide oder es stellt etwas dar, das für uns ein Symbol für Reichtum ist.

Ein Tuch schlage ich deshalb vor, weil es leicht ist und eine angenehme Atmosphäre verbreiten kann.

- Wir können aber auch einen ***Gegenstand, den wir mit Reichtum verbinden***, z.B. eine Münze oder einen Geldschein, dort platzieren.

„Reichtum und Selbstverwirklichung"
Wer möchte darauf in seinem Urlaub oder auf Reisen verzichten?
Verreisen wir nicht manchmal gerade, um uns einen Hauch davon um die Nase wehen zu lassen?

Der Bereich für „Ehe und Beziehungen" ist eingeschränkt

Kontakt: Ein Bestandteil unseres Lebens, der uns außer Nahrung und Pflege als Babies überleben ließ. Als Jugendliche waren wir auf der Suche nach der Liebe unseres Lebens, die uns helfen sollte, uns aus der liebevollen Nähe unserer Eltern zu entfernen und mit der wir hofften, uns ganz und glücklich zu fühlen. Mit der Zeit lernten wir, dass diese innigen Beziehungen nur der Anfang sind, seine Liebe zu leben. Man liebt was immer man liebt:
Seine Frau, seinen Mann, seine Kinder, seine Eltern, seine Freunde und Nachbarn, schließlich sich selbst, seine Pflanzen und Tiere und manchmal sogar die ganze Welt. Und das sind die schönsten Momente, in denen die eigene Liebe zu einem Feuerwerk entflammt ist.
Das alles spiegelt der hintere rechte Teil unseres Raumes - wie groß auch immer er sein mag.
Wenn wir unterwegs sind und dieser liebe-volle Bereich fehlt, wäre es möglich, dass unsere Kontakte nicht ganz so harmonisch verlaufen.

Selbst wenn wir „allein" sein möchten ist „in Kontakt sein" mit wem oder was auch immer uns umgibt, wichtig und angenehm.
Wie laden wir diese Energie ein, wenn sie in unserem Gastraum zu kurz gekommen ist?
die „2" ist die magische Zahl dafür; die Begegnung, das Gegenüber, das „Du"

- Zwei Tücher in „Erdfarben" [7] wären dafür geeignet.
- Ein viereckiger [8] Spiegel in einem goldenen oder roten [9] Rahmen oder in einer entsprechenden Farbe wäre schön
- Zwei Pflanzen
- Zwei frische Blumen in einer braunen, beigefarbenen oder viereckigen Vase wären ebenfalls eine schöne Einladung.
- Es könnte auch ein Bild oder Foto sein, das z.B. zwei Menschen in gutem Kontakt miteinander zeigt.

---

[7] gelb, orange, beige, bordeaux, dunkelrot, pink oder braun…

[8] die Form, die das Element „Erde" symbolisiert ist das Viereck

[9] Rot hat Feuerenergie und unterstützt damit Erdenergie, wie sie der Beziehungsbereich hat

Lassen Sie Ihrer Phantasie freien Lauf in Bezug auf „die Zwei“ und laden Sie diese Energie in Ihren Gastraum ein.

Wenn der Bereich „unterstützende Energien, Reisen“ wenig Raum hat.

Gerade auf Reisen sind wir sehr auf diese Energien angewiesen. Wir wünschen uns, dass alles gut läuft, dass wir „Rückenwind“ haben und mit dem, was wir uns für diese Fahrt vorgenommen haben, seien es Geschäfte oder unsere Erholung, erfolgreich sind.
Wenn dieser Lebensbereich in unserem zeitweiligen Domizil „zu kurz gekommen“ ist, laden wir unterstützende Energien zum Beispiel auf folgende Arten ein:

- Ein weißes, silbernes oder graues Tuch als Träger der entsprechenden Metallenergie
- Ein runder Spiegel, weiß oder silber, der durch Farbe und Form die entsprechende Energie einlädt und als Spiegel Raum dafür schafft
- Sechs runde Steine – sechs ist die dieser Energie entsprechende Zahl, Stein entspricht ebenfalls Metallenergie
- Warum nicht ein paar silberne Münzen, sechs oder neun – neun ist die „Powerzahl“ überhaupt

und unterstützt jeden Bereich, in dem sie eingesetzt wird.

- Eine weiße oder graue Feder
- Das Bild oder die Figur eines Engels....

Es gibt unendlich viele Möglichkeiten. Dies kann nur eine Anregung für eigene, gute Ideen sein.
Jeder Raum hat normalerweise vier Ecken.
Nehmen wir an, dass es einen eingeschränkten Bereich in der vierten Ecke, vom Eingang gesehen vorne links gibt:

Dann ist der Lebensbereich: Meditation und Wissen verhältnismäßig kleiner.

In diesem Fall sollten wir die entsprechende Energie, „Bergenergie", einladen, weil es wichtig ist, „zu wissen was immer wir wissen müssen", gerade wenn wir unterwegs sind. Möge uns dieses Wissen zufallen, so wie wir es benötigen.
Wie kann ich es einladen?

- Ein kleiner Spiegel, der diesem Bereich wieder Platz verschafft. Achten Sie immer darauf, was sich in einem Spiegel zeigt. Es sollte etwas sein, das Sie in diesem neu geöffneten Bereich auch wirklich haben möchten. Ein Mülleimer zum Beispiel wäre da keine große Hilfe.
- Aber das Bild eines Berges, einer entsprechenden Landschaft oder das Bild eines Strandes wären für diesen Bereich hilfreich.

- Mit einer entsprechenden Postkarte könnte „Bergenergie" auch eingeladen werden.
- Die Farbe Blau oder auch Violett ist ebenfalls dafür geeignet. Vielleicht haben Sie einen entsprechenden Schal bei sich.
- Ein paar Muscheln sind unter Umständen leicht zu beschaffen und können auf dekorative Weise Meditation und Wissen symbolisieren. Vielleicht acht davon, denn diese Zahl hält ebenfalls die Energie dieses Lebensbereichs.
- Ein kleiner Behälter mit Sand könnte den fehlenden Bereich ebenfalls in Ihren Raum einladen.
- Wenn Sie ein Weisheitsbuch haben, das Ihnen wichtig ist, können Sie es dort platzieren.

Eingeladen ist diese Energie nun. Bleibt uns lediglich, unsere „Kopftür offen zu halten" wie es die Hopi[10] vorschlagen, um auch wirklich für guten Rat empfänglich zu sein.

10

„Die **Hopi** sind die westlichste Gruppe der Pueblo-Indianer und leben im nordöstlichen Arizona, USA, inmitten der Reservation der Diné (Navajo) am Rande der Painted Desert in einer 12.635 km² großen Reservation. Früher wurden sie auch als *Moki* oder *Moqui* bezeichnet." Wikipedia
Ich finde es interessant, dass die Zeremonien- und Versammlungsorte, die so genannten „kivas", der Hopi unterirdisch sind, und nur über eine Leiter zu erreichen. So ist auch in diesen Räumen „die Kopftür offen

„In allen vier Ecken soll Liebe drin stecken."
Kennen Sie diesen Wunsch? Vielleicht aus Ihrem Poesie-Album?

Aber was ist mit den Bereichen, die sich dazwischen befinden? Das Bagua kennt acht Lebensbereiche um das Zentrum herum. Schauen wir uns diese Bereiche genauer an.

Was bedeutet es, wenn der Bereich „Karriere", eingeschränkt ist?

Dieser Lebensbereich entspricht unserem Lebensweg, dem, was uns unser Leben lang begleitet und uns Kraft gibt. Er entspricht dem, was wir sind und schon immer waren, unserer Seele.
Als Symbol ist es fließendes, klares Wasser. Als Tageszeit ist es die Nacht, als Jahreszeit der Winter und als Zahl die „1", der Anfang.
Wenn dieser Bereich fehlt, kann es sein, dass wir auf Dauer weniger „wir selbst" sind und uns mehr und mehr verlieren.
Uns fehlt die Lebendigkeit und wir haben das Gefühl, zu stagnieren.
Wie können wir diese Energie einladen?

- Den Trick mit dem Spiegel kennen Sie ja schon. In diesem Fall darf er ruhig schwarz oder ohne Rand sein. Die Farbe „schwarz", aber auch das Material Glas bzw. Spiegel entspricht der „Wasser-Energie" dieses Lebensbereiches.
- Ein Behälter mit frischem Wasser, das Sie täglich wechseln, ist dazu geeignet.

- Ein schwarzer, dunkelgrüner oder dunkelblauer Schal, fließend drapiert würde passen oder
- Eine Postkarte zum Beispiel, die einen Flusslauf oder das Meer zeigt.
- Alles, was frisches Wasser symbolisiert
- Oder das, was Sie Ihr Leben lang begleitet: ein Musikinstrument, Noten, Ihre Jogging- oder Wanderschuhe usw.

Schaffen Sie Raum für sich selbst!
Dieser Lebensbereich ist dem Element Wasser zugeordnet.
Geht man geradeaus durch die Mitte des Raumes so gelangt man in den Feuerbereich:

Der Lebensbereich „Ruhm, Ruf, Vision“.
Was ist, wenn er fehlt?

Auch dieser Bereich hat besonders viel mit uns selbst zu tun. Der Karrierebereich symbolisiert mehr den „Weg“, der Feuerbereich mehr das Ziel bzw. die Vision. „Das Licht am Ende des Tunnels“, das uns in schwierigen Situationen Hoffnung schenkt und die Kraft durchzuhalten.
Es ist aber auch die Art, wie uns andere wahrnehmen, unser Ruf.
Manchmal werden wir vielleicht einfach übersehen, nicht wahrgenommen, keiner kennt uns, keiner sieht uns.
Unser Ruhm oder Ruf – mancher sagt vielleicht: Kann mir egal sein, ein anderer lebt nur dann, wenn das begeisterte Publikum ihm zujubelt.
Was dieser Bereich auf alle Fälle zeigt, ist die

Auswirkung unseres Tuns, die Wirkung unseres Seins. Wollen wir wissen, was wir bewegen, schauen wir uns die Auswirkungen unseres Denkens und Handelns an. Gefällt uns das Ergebnis nicht, versuchen wir unsere Einstellung, unser Denken und unser Tun zu ändern.
Das Element dieses Bereiches ist das Feuer, die Farbe entsprechend feuerrot.
Es ist auch der Mittag, die Spitze des Berges, die Begeisterung.
Es ist das Ziel, das wir ins Auge fassen und es ist das ferne Licht, das uns im Dunkeln Zuversicht und Wärme schenkt.
Was können wir tun, wenn dieser Bereich eingeschränkt ist?

- Ein roter Spiegel
- Ein rotes Tuch
- Eine rote Kerze
- Eine spitze Skulptur – denn seine Form ist „spitz“. Oft sehen Vogelskulpturen entsprechend aus
- Ein Abbild dessen, was wir anvisieren. Es könnte auch die Farbe „rot“ enthalten
- Ein roter Umschlag, der ein Papier enthält, auf dem wir unsere Ziele notiert haben
- Wenn Sie nichts Konkretes im Sinn haben, sondern einfach von Ihren Zielen gefunden werden wollen, so laden Sie die entsprechende Energie einfach durch ein rotes Band oder eine rote Kerze ein.

Sie werden sehen: Ein wenig „rot“ in Ihrem Raum tut Ihren Augen unmittelbar gut.
Warum?
Die Augen werden der Energie dieses Bereiches zugeordnet.
Und: Gönnen Sie es sich hin und wieder, allein oder mit Freunden, nicht nur bei Kerzenschein, sondern auch um ein Feuer zu sitzen. Wecken Sie die Kraft des Feuers in sich! [11]

Was, wenn der Bereich „Vergangenheit, Familie“ fehlt?

Vielleicht denken Sie, er fehlt mir überhaupt nicht.
Was soll ich mit meiner Vergangenheit?
Vielleicht bin ich ja gerade unterwegs, um Abstand davon zu gewinnen?
Ich interessiere mich nur für die Zukunft.
Interessant ist, dass Zukunft und Vergangenheit auf einer Linie liegen und durch die Mitte, das „Hier und Jetzt“ oder auch „Tai Chi“, den Frieden, verbunden sind.
Wie soll ich wachsen, wenn ich meine Wurzeln leugne?
Was sind meine Wurzeln?
Sind es meine Eltern und Geschwister? Meine

---

[11] Bitte formulieren Sie sie immer positiv. Also: „Ich höre mit dem Rauchen auf“ erzeugt das Bild eines mit einer Zigarette kämpfenden Rauchers. Das nenne ich negativ. Ein positives Bild wäre zum Beispiel: „Ich bin frei.“ So könnte das Bild eines glücklichen Menschen in einer wunderschönen Landschaft entstehen.

Ursprungsfamilie?
Sind es meine Lehrer oder meine Vorbilder aus vergangener Zeit?
All das umfasst der Lebensbereich „Vergangenheit, Familie". Er umfasst Lehrer, die mir angenehm und solche, die mir unangenehm sind.
Ihnen zu danken oder sich mit ihnen zu versöhnen kann uns Kraft geben, uns selbst zu verwirklichen, Wissen zu erproben und weiter zu entwickeln, unsere Wurzeln zu stärken.
Die Energie, die diesem Lebensbereich entspricht, ist alles andere als „verstaubt". Sie ist die Energie des Donners, des Frühlings, der Aufbruchs, der Geburt - unserer Geburt. Sie ermöglicht uns, mit all dieser Kraft auf unserem Platz zu erscheinen, anzufangen, loszulegen. Unser Auftritt.
Wir alle lieben den Frühling. Wecken wir ihn auch in uns. Wie können wir ihn einladen?

- Ein Spiegel. Wenn Sie einen schmalen, hohen haben – nicht zu schmal – können Sie ihn einsetzen, um den Raum für diese Energie zu öffnen.
- Die entsprechende Farbe ist hellgrün – frühlingsgrün. Wenn Sie sich trauen, hängen Sie ein entsprechendes Tuch auf. Wenn Sie sich nicht trauen
- hängen Sie ein fuchsie-farbenes Tuch auf, das zur Unterstützung aller Lebensbereiche geeignet ist.
- Ein Foto Ihrer „Vergangenheits-Familie" wäre geeignet, eines Ihres Lieblingsschriftstellers,

bevorzugten Philosophen, Musikers, Komponisten oder Lehrers wäre passend
- Bringen Sie etwas dorthin, das Ihren Wurzeln Kraft gibt.
- Es könnte auch ein Frühlingsbild sein, das Sie in Aufbruchsstimmung bringt
- Oder das Bild eines Blitzes

Donner und Blitz!
Bringen wir uns in Frühlingsstimmung und legen wir los zu sein, wer wir sind!
Welcher Lebensbereich liegt diesem nun gegenüber?
Es ist der Bereich

„Kreativität und Kinder". Wie wirkt es sich für uns aus, wenn dieser Lebensbereich eingeschränkt ist?

Auswirkungen unseres Lebens.
Kreativität – Ideen bekommen einen Ausdruck, eine Form. Manchmal schaffen wir es einfach nicht, uns Zeit dafür zu nehmen, zu tun, was uns entspricht, was uns zufrieden stellt, was wir sind und wir haben das Gefühl, „der Alltag frisst mich auf", lässt mir keine Zeit dafür. Das Ergebnis ist Unzufriedenheit und vielleicht Probleme mit unseren Atemwegen.
Schaffen wir Raum für unsere Kreativität!
Kümmern wir uns um unser inneres Kind, das neugierig und experimentell ist und das sich traut zu sein, einfach so wie und was es gerade ist.
Kinder.
Unsere Kinder: Spiegel unseres Lebens, die uns

manchmal daran erinnern, dass auch wir ein unschuldiges, unbändiges Kind sind, das die verrücktesten Ideen verfolgen und umsetzen möchte. Wild und unberechenbar sein.
Das sind sicher gute Voraussetzungen dafür, kreativ zu werden und uns einzubringen in diese wunderbare Welt.
Mir kommt es vor, als würde dieser Bereich in fast allen Lebensräumen fehlen. Oder?
Ich habe schon oft gesehen, dass ausgerechnet an der rechten Wandseite im Raum ein Kamin installiert war. Macht nichts?
Ein Kamin hält Feuerenergie, der Bereich „Kreativität, Kinder“ entspricht Metallenergie. Was macht zu viel Feuer mit Metall? Metall wird weich und verliert schließlich seine Form und seine Stärke.
Mit einem kleinen Trick können Sie diesem Problem abhelfen:
Die Energie, die Feuer mit Metall verbindet, ist die Erde. Feuer unterstützt Erde (wird zu Asche) und Erde wird, wenn sie sich immer weiter verdichtet zu Metall. Stellen Sie also zum Beispiel

- einen viereckigen (Erde) Behälter mit etwas Weißem (Metall), wie Kies o. ä.,
- eine Vase oder einen Blumentopf mit weißen Blumen auf den Kaminsims.

Wir alle wollen kreativ sein, lebendig wie ein Kind sein und einige von uns wollen auch Kinder in ihr Leben einladen. Was können wir also tun, wenn dieser Lebensbereich eingeschränkt ist bzw. fehlt?

- Sie wissen schon: ein Spiegel. Vielleicht sogar rund und weiß gerahmt. Er kann auch viereckig (Erde) sein, denn Erde unterstützt Metall. So können Sie optisch und für Ihren Geist Raum dafür schaffen.
- Es kann auch ein weißer Schal sein, mit dem Sie kreative Energie in Ihren derzeitigen Lebensraum einladen.
- Ein Bild, das einen ruhigen See darstellt, ist ebenfalls dazu geeignet, denn diese Art Metallenergie ist durch das Symbol des Sees gekennzeichnet.
- Inspirieren Sie sich mit Weiß. Vielleicht tragen Sie weiß, um sich in die rechte Stimmung zu versetzen.
- Sie können auch ein Mantra[12] in Ihren Gedanken oder laut rezitieren, um die Kreativität in Ihnen zu wecken, sich in Stimmung und Schwingung dafür zu versetzen.

---

[12] „**Mantra** (sanskrit, m., …wörtl.: „Instrument des Denkens, Rede") bezeichnet eine meist kurze, formelhafte Wortfolge, die oft repetitiv rezitiert wird. …Mantras können entweder sprechend, flüsternd, singend oder in Gedanken rezitiert werden. …Das Rezitieren eines Mantras kann dem Freisetzen mentaler und spiritueller Energien dienen, oft auch als Gebet….
Ein Mantra, um Kreativität einzuladen:
OM AIM SARASWATYAY SWAHA;
SWAHA MAHA DEVIMAI OM SHANTI SHANTI SHANTIHI

Geben Sie Ihrem Potenzial und Ihrem inneren Kind Raum! Geben Sie Ihren Kindern Raum!
Auf keinen Lebensbereich wollen wir ganz oder teilweise verzichten.
Was wir wünschen ist Ausgewogenheit, Harmonie. Wenn Bereiche in unserem Zimmer fehlen, so geben wir ihm die entsprechende Energie in Form von – was auch immer wir mit uns führen.
Farbige Tücher sind dafür sehr gut geeignet. Sie sind leicht zu transportieren, anzubringen und schließlich wieder zu entfernen.
Durch sie können wir die fehlende Energie in Form von Farbe hinzufügen.
Eine Farbe, die für jeden Lebens- und Raumbereich unterstützend ist, ist *„fuchsie"*.
Natürlich können wir die Möglichkeit nutzen, Gegenstände aus der Umgebung, die die entsprechende Energie haben, dort hinzuzufügen, wo sie fehlen.
Zusammengefasst sind es für die einzelnen Bereiche:

- frisches Wasser im Bereich **„Karriere"**, fließende Formen, als Farbe schwarz, dunkelblau und –grün, als Zahl ist es die „1". Ein Gefäß mit frischem Wasser, das täglich erneuert wird, könnte Bewegung und Klarheit in unsere Karriere einladen.
- ***Sand*** im Bereich **„Meditation und Wissen"**, als Farbe Blau oder Violett. Die Zahl dafür ist die „8"
- Ein hellgrüner Schal oder eine frühlingsgrüne Pflanze könnte die Energie für den Lebensbereich **„Vergangenheit, Familie"**

einladen, der unsere „Wurzeln“ stärkt und unseren „Auftritt“ unterstützt.

- Ein grüner Schal, ein paar Münzen oder eine gut wachsende Pflanze könnten den Bereich **„innerer und äußerer Reichtum“** unterstützen.
- Einen guten **Ruf**, eine uns entsprechende **Vision** laden wir mit einer Kerze oder einem feuerroten Schal in unser Domizil ein.
- Den Bereich **„Beziehungen, Ehe“** unterstützen wir mit einem oder zwei Tüchern in den Farben gelb, orange, dunkel- oder bordeauxrot, braun, beige oder pink. Auch zwei Kerzen wären eine schöne Einladung.
- Dem Bereich **„Kreativität und Kinder“** geben wir Raum, indem wir die Farbe Weiß in Form eines Schals oder vielleicht eine weiße Kerze dort anzünden. Ein Foto von glücklichen Kindern wäre auch gut geeignet.
- Ein schöner Stein in der Ecke für **„Reisen„ unterstützende Energien“** kann diese Energien für uns einladen. Vielleicht ist es auch eine Feder, die wir gefunden haben oder mit uns führen, um Freunde oder himmlische Energien, wie Engel, einzuladen, uns zu helfen.
- Das **Zentrum in der Mitte** könnte uns mithilfe eines leichten Windspiels daran erinnern, dass wir bei allem was wir tun im „Hier und Jetzt“ sind und unser Handeln entsprechend genießen, unser Tun zelebrieren.

Und last not least:

- Mit frischen Blumen können wir unseren Wohnraum überall beleben.

All diese Energien können wir einladen wenn sie fehlen sollten.
Durch Feng Shui **laden wir ein** – wir können diese Energien nicht zwingen, wie wir vielleicht manchmal in unserem Leben versuchen, Dinge für uns zu gewinnen.
Feng-Shui arbeitet nach dem Prinzip: **„Gleiches zieht Gleiches an."**
Wir bringen also ein wenig von der Energie an die Stelle, in der sie im Raum und evtl. in unserem Leben fehlt und laden damit mehr davon ein.
Auf unseren Geist und dadurch auch auf unser Wohlbefinden wirkt es so, als sei bereits unser „Traum" wahr geworden.
Schauen wir andersherum immer auf das, was uns fehlt, so wirkt auch dies mit der Zeit auf uns, wir entwickeln ein „Mangelgefühl" und laden nach dem Prinzip: „Gleiches zieht Gleiches an" mehr von diesen negativen Erlebnissen und Gefühlen in unser Leben ein.
Wenn wir einen Raum betreten, ist es wichtig, dass wir ihm zuhören und gleichzeitig darauf achten, wie es uns dabei geht, in Kontakt mit diesem Raum zu sein.
Haben wir vielleicht Herzklopfen, oder ein Gefühl von Enge, so, als würden wir nicht genug Luft bekommen?
Dann werden wir sehr schnell gewahr, was der Raum braucht und was auch wir dort misse würden.
Wir geben was fehlt .

So wird der Raum, den wir für vielleicht nur kurze Zeit bewohnen, immer mehr zu unserem Raum.

First-Aid-Kit für ein Zimmer

Auf eine Reise, in der unsere Unterkunft ein Zimmer ist, empfehle ich, Folgendes mitzunehmen:

- Natürlichen Energiespray, z.B. Orange oder Space-Clearing von Primavera
- Schutzspray „Citroens“ von Phylak
- Ein leichtes Windspiel mit Band und Befestigung für das Zentrum
- 2 Kleine Spiegel mit Befestigungsmöglichkeiten
- Fünf leichte Tücher in den Farben: fuchsie, grün, rot, gelb und weiß
- Einen Traumfänger mit Band und Befestigung
- Meine Lieblingskette
- Eine Schale für frisches Wasser
- Ein Teelicht, Teelichthalter und Streichhölzer

Auf diese Weise kann ich Energie in Form von Farbe in jeden Bereich des Raumes bringen, falls sie mir dort fehlt. Ich kann Spitzen und Kanten mit Hilfe von Tüchern weich erscheinen oder Unangenehmes verschwinden lassen. Mit Hilfe eines Tuches und einer Kerze kann ich sogar einen Ort der Meditation einrichten, in dem ich daran erinnert werde, mir Zeit zu nehmen und „mein Licht leuchten zu lassen“.
Die Schale für frisches Wasser ist eigentlich überall zu improvisieren. Mir allerdings ist es sehr wichtig, mich gerade auf Reisen täglich daran zu erinnern, Altes loszulassen, Neues zuzulassen und in Kontakt mit meinem inneren Wesen und mir selbst treu zu

sein. Diese Schale mit frischem Wasser unterstützt meine Karriere, meinen Weg.

Eine Wohnung

Manchmal haben wir auf unserer Reise eine ganze Wohnung zur Verfügung.
Die Prinzipien dafür sind grundsätzlich die gleichen wie für einen einzelnen Raum. Einerseits bietet sie uns mehr Möglichkeiten, uns häuslich einzurichten. Auf der anderen Seite können die unangenehmen Einflüsse auch größer sein und es gibt eventuell mehr zu tun, um den Wohnraum wirklich zu unserem zu machen.
Wir können unser Domizil natürlich auch schon vorher nach bestimmten, uns wichtigen Kriterien aussuchen.
Eine Wohnung bietet mehr Raum zu leben. Man kann hier wohnen, dort kochen, in einem weiteren Zimmer schlafen und hat eventuell noch Platz für Gäste.
Viele Möglichkeiten können aber auch ein Gefühl der Unruhe vermitteln, wenn beispielsweise ein Raum in den anderen übergeht oder ein langer Flur die Wohnung auseinanderzieht. Das Leben dort könnte unruhig oder ein unverbindliches Nebeneinander sein.
Was die einzelnen Zimmer einer Wohnung verbindet ist das Zentrum.
Traditionelle Wohnungen oder Häuser in verschiedensten Kulturen haben ein Zentrum, eine leere Mitte, die das Gefühl von Verbundenheit und Ruhe vermittelt.

- Handeln aus der Ruhe heraus.
- In der Ruhe liegt die Kraft.
- Ganz im Hier und Jetzt sein.

Das alles ist das Zentrum.
Dieser Lebensbereich wird auch Tai Chi oder Gesundheit genannt. Die Zahl „5“ entspricht ihm. Das „Tai Chi“ ist in Kontakt mit allen acht angrenzenden Lebensbereichen. Es nimmt Einfluss auf sie und wird von ihnen beeinflusst.
In einer Jurte[13]

---

[13] „Das deutsche Wort Jurte stammt aus dem türkischen jurt, was so viel wie Zelt, Lagerplatz, Land, Heimat oder Wohnort bedeutet. Die Jurte ist die übliche Unterkunft nomadisierender Völker, sie ist gleichzeitig Haus und Heimat. Wie in der deutschen Sprache die Wörter Heim und Heimat untrennbar miteinander verbunden sind, so bedeutet auch Jurte beides für die Nomaden. Im Mongolischen heißt Jurte „ger“. Chinesische Quellen berichten zum ersten Mal im 6. Jh. n. Chr. über Jurten bei Nomaden. Es ist anzunehmen, dass die Jurte auf eine über 2000jährige Entwicklungsgeschichte zurückblickt. Sie ist nicht nur die traditionelle Behausung der Mongolen, sondern auch der nomadisch lebenden Völker in Mittelasien, Südsibirien und nördlich der Großen Mauer. Jurten bieten vor allem da, wo sie in malerischer Landschaft stehen, mit ihren weißen Leinenüberzügen einen äußerst ästhetischen Anblick. Die wichtigste Einrichtung in einer mongolischen Jurte ist der Herd. Früher bestand er aus einem Drei- oder Vierfuß, dessen Eisenfüße durch zwei Eisenreifen zusammengehalten wurden. Heute wird ein runder Blechherd mit Rauchrohr verwendet. Ersteht auf vier Füßen oder einfach auch auf Steinen, hat eine kleine Tür, durch die man das Brennmaterial einlegen kann, und besitzt ein Rohr, das durch den Dachkranz nach draußen ragt, ohne dass das Rohr das Holz oder den Filz berührt. Dieser Herd hält die Wärme viel besser und es lässt sich auch einfacher auf ihm kochen. Allerdings kann von oben die Kälte in die Jurte ziehen, da der Dachkranz nicht ganz dicht gemacht werden kann. Die Rauchöffnung dient den Mongolen auch als Sonnenuhr. Ein

zum Beispiel befindet sich zentral eine Feuerstelle. Dort wird Nahrung für die Bewohner zubereitet und man trifft sich, um gemeinsam zu essen, miteinander zu reden, zu plaudern oder zu singen. Zeit und Raum, zu sich selbst zu kommen, sich zu nähren, sich zu begegnen und auszutauschen. Zeit und Raum für das Wesentliche in unserem Leben.
Oft genug gibt es ihn nicht und ich empfehle deshalb, diesen Ort gerade unterwegs für uns zu schaffen, um unser Leben mehr im Hier und Jetzt zu genießen und uns selber treu zu sein.
Mit ein paar Tricks ist das möglich:

- zunächst finden wir das Zentrum „unserer" Ferienwohnung.
- Wenn dort Platz ist, können wir ihn mit einer schönen Kerze oder einer Vase mit frischen Blumen schmücken.

Sollte das Zentrum an einer Wand sein, könnten wir

- einen gelben oder goldfarbenen[14] Schal dorthin hängen. Er erinnert uns daran, im Hier und Jetzt

---

Mongole weiß genau, um wieviel Uhr ein Sonnenstrahl auf eine bestimmte Stelle fällt."

von der Website: www.jurte.info

[14] gelb oder Gold sind die Farben der Mitte.

zu sein und unseren Aufenthalt zu genießen – ja vielleicht sogar zu zelebrieren.

- Eine Alternative wäre ein kleiner, goldener Sonnenspiegel zum Beispiel.

Wenn er Ihnen gefällt, könnte er durch seine Farbe die Energie der Mitte dorthin bringen, er würde die Erde-Energie des Zentrums durch seine Form, die an eine Sonne erinnert, und deswegen Feuerenergie ist, unterstützen und er würde als Spiegel zusätzlich Raum für das Zentrum der Wohnung schaffen.
Die anderen acht Lebensbereiche befinden sich um das Zentrum herum.
Sollte einer fehlen, so verfahren wir wie vorher beim Bewohnen eines Raumes beschrieben.
Jetzt befindet sich eventuell ein Zimmer dort, wo innerhalb der Wohnung der Bereich „innerer und äußerer Reichtum" liegt.
Manchmal fehlt ein Bereich, weil gerade dort, wo er sich befinden sollte, eine Mauer ist. Mit einem Spiegel in der entsprechenden Farbe an den Wandseiten oder einem Tuch kann man den fehlenden Bereich hinein zaubern.
Wenn ich eine Wohnung oder ein Haus bewohnen werde, und den Grundriss kenne, würde ich entsprechende Spiegel bereithalten, um die fehlenden Lebensbereiche hinein zu zaubern.
Vielleicht sind wir ja mit einem Auto unterwegs und können etwas mehr Gepäck mitnehmen.
Wenn wir allerdings per Flugzeug reisen, wollen wir uns eventuell auf wenige kleine Raumhilfen beschränken.

Oft befinden sich zum Beispiel zwei Zimmer an der Stirnseite des Hauses, sodass der „Feuerbereich“ der Wohnung oder des Hauses einfach entfällt. Das kann eine große Beeinträchtigung für uns sein.
Ein Sonnenspiegel an eine Wand, angebracht, die beide Zimmer trennt, würde Raum für „Visionen und Ruhm“ schaffen. Wollen wir mit leichtem Gepäck reisen, könnten wir an dieser Stelle auch ein rotes Tuch aufhängen.

First-Aid-Kit für eine Wohnung

Ist unser Domizil eine Wohnung oder ein ganzes Haus, empfehle ich Folgendes mitzunehmen:

- Natürlichen Energiespray, z.B. Orange
- Schutzspray „Citroens" von Phylak
- Ein leichtes Windspiel mit Band und Befestigung für das Zentrum
- 2 Kleine Spiegel mit Befestigungsmöglichkeiten
- 1 Konvexspiegel
- neun leichte Tücher: 2 in fuchsie, 2 in grün, 1 rotes, 1 gelbes, 1 weißes, 1 graues und 1 blaues.
- Einen Traumfänger mit Band und Befestigung
- Eine Lichterkette
- Meine Lieblingskette
- Eine Schale für frisches Wasser
- Ein Teelicht, Telelichthalter und Streichhölzer

Mit der Lichterkette können wir uns Willkommen heißen, wenn wir sie von der Eingangstür aus sehen; wir können den Feuerbereich gestalten oder das Zentrum damit schmücken.
Der Konvexspiegel kann uns helfen, negative Energie in Form einer spitzen Häuserecke, die auf unsere Wohnung weist, eines überragenden Nachbarhauses, das uns zu erdrücken scheint oder anderer unangenehmer Einflüsse nach außen zurückspiegeln, mit der Idee, die negative Energie in positive zu verwandeln, sozusagen zu „recyceln" und zurück zu spiegeln.

Sich Wohlfühlen

Wir haben unseren Gastraum zu unserem Raum gemacht nun liegt es an uns, uns darin wohl zu fühlen.
Hilfreich dabei ist ***Dankbarkeit***.
Ein Gefühl, das zurzeit nicht sehr populär ist, aber das hilft, für Dinge oder Situationen offen zu sein und sie zu genießen.
Dankbarkeit ist der Schlüssel dafür.
Erwartungen und Ansprüche sind das Gegenteil davon. Sie führen leicht zu Unzufriedenheit, wenn Situationen ihnen nicht entsprechen.
Vielleicht sind unerwartete Situationen ja hin und wieder besser für uns. Aber das werden wir kaum feststellen, wenn wir enttäuscht und verärgert an unseren Vorstellungen und unserer Ent-täuschung festhalten.
Also üben wir zu genießen.
Wenn uns Gedanken daran hindern, schieben wir sie geduldig zur Seite.
Wie sagt Janis Joplin in ihrem Song „Vamp in Time"
„...and that's (today) all you've got.
......tomorrow never happens...".
Es gibt nur das „Hier und Jetzt". Alles andere ist Vergangenheit oder Zukunft. Es sind Gedanken, die sich von Erlebtem nähren, aber möglicherweise nichts Neues zulassen.

Weitergehen

Sind wir unterwegs auf fremden Wohnraum angewiesen, ist es wichtig, aufmerksam mit ihm und mit uns umzugehen und ihn für die Zeit unseres Rastens dort so gut wir können zu „unserem Raum" zu machen.
Wenn wir diesen Ort wieder verlassen nehmen wir nicht nur unseren „Pro-viant"[15] und unsere Feng-Shui-Hilfsmittel sondern auch unsere Energie und unsere guten Erlebnisse mit.
Karen Kingston beschreibt in ihrem Buch „Creating Sacred Space with Feng Shui" wie wir dies tun können:
Mit einer großen dankbaren Geste sammeln wir unsere Energie wieder ein, stellen uns vor, dass all das Schöne und Angenehme, das wir hier erlebt haben, mit dieser Geste wieder zu uns zurückkehrt und Teil von uns ist. Dies wiederholen wir zweimal. Dann lassen wir unsere Unterkunft dankbar zurück.

---

[15] lat.: pro via: das, was wir für den Weg benötigen

Wie wirkt Feng-Shui?

Vor ein paar Tagen konnten wir das in meiner Familie gut erfahren.
In der recht kleinen Küche, über dem Gasherd, der an der Wand gegenüber der Terrassentür steht, gibt es eine Lücke zwischen den eingebauten Hängeschränken, damit die Abluftanlage dort Platz findet. Wir hatten sie entfernt, weil wir uns leicht den Kopf daran stoßen konnten. Stattdessen brachten wir einen an den Kanten geschliffenen Spiegel an der Wand an, und er füllte diese Schranklücke komplett aus. Gleichzeitig „verdoppelte" er die Anzahl der Flammen und damit die Möglichkeiten, Essen zuzubereiten. Das wird traditionell mit Reichtum verbunden.
Ein zusätzlicher Effekt war der, dass unsere Küche größer und offener wirkte. Und natürlich konnte man am Herd stehend erkennen, wenn jemand von hinten durch die Terrassentür kommen würde.
Vor ein paar Tagen nun riss dieser Spiegel, musste entfernt werden und fehlte zwei Tage lang. Jeder von uns vermisste ihn. Für mich fühlte es sich „stumpf" an, wenn ich auf die Wand schaute, vor der wir nun kochen mussten. Keine Inspiration – einfach nur die Wand. Insgesamt wirkte die Küche viel kleiner.
Wir stellten fest, dass der Spiegel sehr viel bewirkt hatte.
Er wirkte auf unsere Raumwahrnehmung, auf unsere Gefühle und schließlich auf unseren Geist.
So wirkt Feng-Shui. Es schafft Raum in unserem Geist und wirkt auf unsere Emotionen. Unsere

Emotionen wirken auf die Energie, die wir ausstrahlen. Gleiches zieht Gleiches an. Und das ist der Anfang der Materialisierung.

Was wünsche ich mir von diesem Buch?

Ich möchte, dass es uns hilft, Unterkunft und Wohnraum für die Zeit, in der wir uns dort aufhalten, als „unseren Raum“ zu betrachten und damit unsere Möglichkeiten so wie auch unsere Verantwortung dafür zu entdecken.
Wir haben sicher schon gelesen:

„Verlasse diesen Ort sauberer als Du ihn vorgefunden hast“.

Sauberer oder schöner - hinterlassen wir einfach „Blumen“ auf Schritt und Tritt unseres Weges.[16]

---

16 Thich Nhat Han: „Der Duft von frisch geschnittenem Gras“

Zeitfracht Medien GmbH
Ferdinand-Jühlke-Straße 7
99095 Erfurt, Deutschland
produktsicherheit@kolibri360.de